For Tina - H.B.

For my family and friends - R.D.

First published 2002 by Mantra

5 Alexandra Grove, London N12 8NU

www.mantralingua.com

British Library Cataloguing in Publication Data:

a catalogue record for this book is available

from the British Library.

Le Joueur De Flûte D'Hamelin

The Pied Piper

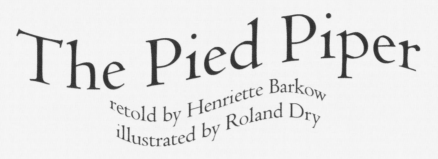

retold by Henriette Barkow
illustrated by Roland Dry

French translation by Martine Michaelides

mantra

Certains croient que cette histoire est vraie, et d'autres n'y croient pas. Mais de toute façon, je vais vous raconter cette histoire.

Autrefois, il y a très longtemps, il y avait une ville qui s'appelait Hamelin. C'était une ville ordinaire avec des gens ordinaires juste comme vous et moi.

Une année la ville avait une invasion de RATS ! Il y avait de grands rats et de petits rats, de gros rats et des rats maigres. Où que vous regardiez, il y avait des RATS !

Some people believe this story is true, and others that it is not. But either way this story I will tell to you.

Many years ago, in the days of old, there was a town called Hamelin. It was an ordinary town, with ordinary people just like you and me.

One year the town had an invasion of RATS. There were big rats and small rats, fat rats and thin rats. Wherever you looked there were RATS!

Comme vous pouvez l'imaginer, les gens de la ville étaient très bouleversés.
Ils envahirent la mairie et ils demandèrent au maire de faire quelque chose.
« Que voulez-vous que j'y fasse ? » il cria. « Je ne suis pas un chasseur de rats. »

As you can imagine, the people of the town were very upset. They stormed
to the town hall and demanded that the mayor do something.
"What do you expect me to do?" he shouted. "I'm not a rat catcher!"

Juste à ce moment, un étranger apparut, portant des vêtements inhabituels et tenant une flûte dans sa main. La foule regarda fixement l'étranger comme les gens fixent souvent du regard les étrangers mais cela lui était égal.

At that very moment a stranger appeared, wearing the most unusual clothes and holding a pipe in his hand. The crowd stared at the stranger, the way that people often stare at strangers, but that didn't bother him.

L'étranger marcha directement vers le maire et se présenta. « Ils m'appellent le joueur de flûte et si vous me payez vingt pièces d'or j'emporterai tous les rats. »

Eh bien cela était doux aux oreilles du maire. « Si vous pouvez vraiment faire ce que vous dîtes, je serai plus que content de vous payer, » il répondit.

The stranger walked straight up to the mayor and introduced himself. "They call me the Pied Piper and if you pay me twenty pieces of gold I will take all your rats away."

Well this was music to the mayor's ears. "If you can truly do what you say, I shall be more than happy to pay you," he replied.

Les gens de la ville attendirent et regardèrent. Ce soi disant joueur de flûte pouvait-il vraiment se débarrasser de tous les rats - les grands rats et les petits rats, les jeunes rats et les vieux rats?

The town's people waited and watched. Could this so called Pied Piper really get rid of all the rats - the big rats and the small rats, the young rats and the old rats?

Le joueur de flûte commença doucement à jouer de la flûte et une chose incroyable arriva. De chaque coin et recoin les rats sortirent en masse dans les rues, et ensorcelés par la musique, ils suivirent le joueur de flûte.

The Pied Piper slowly started to play his pipe and an unbelievable thing happened. From every nook and cranny the rats poured out onto the street, and under the spell of the music, they followed the piper.

Ils le suivirent de la ville d'Hamelin à la rivière Weser. Ici, le joueur de flûte changea son air et avec des gémissements lugubres, les rats se jetèrent dans l'eau glaciale et se noyèrent.

They followed him out of Hamelin town to the river Weser. Here, the Pied Piper changed his tune and with a mournful wailing, the rats threw themselves into the icy water and drowned.

Mais le maire d'Hamelin était un homme avide et il n'allait pas donner d'argent à un étranger. Quand le joueur de flûte arriva et demanda ses pièces d'or, le maire ria et secoua sa tête. « Maintenant que les rats sont partis pourquoi devrais-je vous donner quelque chose ? » il lança d'une voix rageuse.

Now the mayor of Hamelin was a greedy man, and he wasn't going to give any money to a stranger. When the Pied Piper came and demanded his pieces of gold the mayor laughed and shook his head. "Now that the rats are gone why should I give you anything?" he snarled.

Les gens de la ville restèrent et écoutèrent. Ils ne défendirent pas le joueur de flûte bien qu'ils sussent que le maire avait tort. Ils ne dirent pas un mot.

The people stood and listened. They didn't stand up for the piper, even though they knew that their mayor was wrong. They didn't say a word.

« Réfléchissez maire ! » le joueur de flûte avertit. « Si vous ne payez pas, je ferai souffrir cette ville plus que vous ne pouvez jamais l'imaginer. »

Eh bien le maire ne pouvait pas penser à quelque chose de pire que les rats et donc il sortit d'un pas lourd et bruyant en criant: « JE NE VOUS PAYERAI JAMAIS ! »

"Think again, mayor!" the piper warned. "If you don't pay, then I will make this town suffer more than you can ever imagine."

Well the mayor couldn't think of anything worse than the rats and so he stomped off shouting: "I WILL NEVER PAY YOU!"

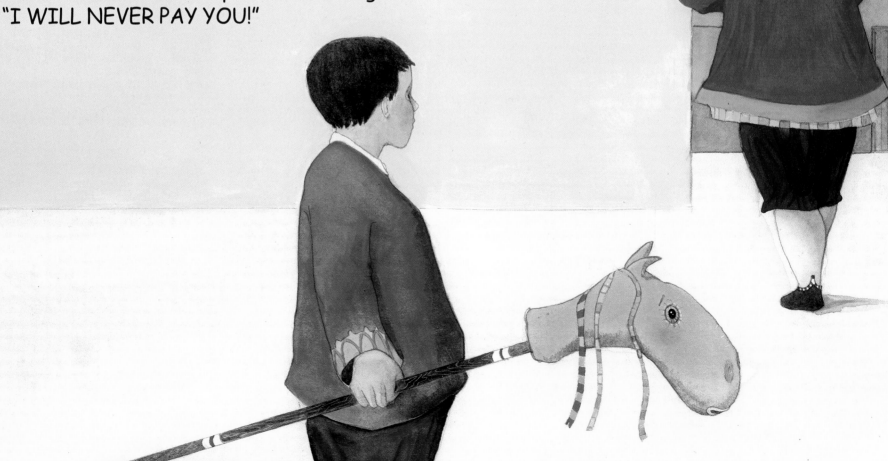

Cette même après midi, pendant que les gens de la ville étaient occupés à réparer leur ville, le joueur de flûte resta sur la place de la ville. Il mit doucement la flûte à ses lèvres et il joua un air qu'aucun mot ne pouvait décrire.

That very afternoon, while the people were busy repairing their town, the Pied Piper stood in the town square. Slowly he lifted the pipe to his lips, and played a tune that no words could describe.

Avec chaque nouvelle note de plus en plus d'enfants apparurent et dancèrent et chantèrent avec la musique.

With each new note more and more children appeared, and danced and sang to the music.

Le joueur de flûte se retourna et sortit de la ville en jouant de la flûte et tous les enfants suivirent envoûtés par sa musique.

The Pied Piper turned and walked out of the town playing his pipe and all the children followed, caught under the spell of his music.

Sur la colline, ils dancèrent et chantèrent au rythme de
la musique. Quand il sembla qu'ils ne pouvaient pas aller
plus loin, une porte s'ouvra devant eux.

Up the hill they danced and sang to the rhythm of the tune. When it
looked like they could go no further, a door opened before them.

Un par un les enfants suivirent le joueur de flûte au coeur de la colline pour toujours. Tous sauf un, qui ne pouvait pas suivre les autres.

One by one the children followed the Pied Piper into the heart of the hill forever. All except one, who could not keep up with the others.

Quand le petit garçon revint à la ville c'était comme si un charme avait été rompu. Les gens de la ville le fixèrent du regard avec incrédulité quand il leur dit ce qui était arrivé.

Ils appelèrent et pleurèrent sur leurs enfants mais ils ne les revirent plus jamais.

When the little boy returned to the town it was as if a spell had been broken. The people stared at him in disbelief when he told them what had happened.

They called and cried for their children, but they never saw them again.

Key Words

town	la ville
people	les gens
rats	les rats
town hall	la mairie
mayor	le maire
rat catcher	le chasseur de rats
stranger	l'étranger
clothes	les vêtements
pipe	la flûte
crowd	la foule
pied piper	le joueur de flûte
twenty	vingt
pieces of gold	les pièces d'or

Les Mots Clés

music	la musique
playing	jouant
river	la rivière
greedy	avide
money	l'argent
suffer	souffrir
children	les enfants
danced	dansa
sang	chanta
rhythm	le rythme
tune	l'air
hill	la colline
spell	le charme

Des événements qui se passèrent dans la ville d'Hamelin en Allemagne ont donné naissance à la légende du joueur de flûte. L'histoire date de 1284.

Si vous voulez plus de renseignements, la ville d'Hamelin a un site internet excellent en anglais: http://www.hameln.com/englis.

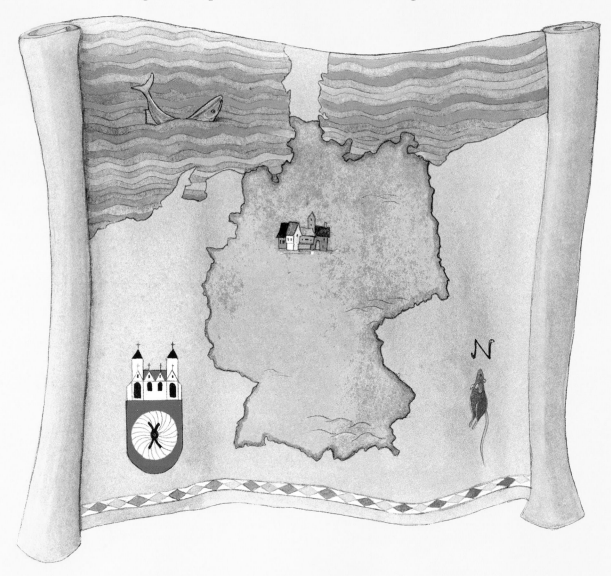

The legend of the Pied Piper originates from events that took place in the town of Hameln in Germany. The story dates back to 1284.
If you would like more information the town of Hameln has an excellent website in English: http://www.hameln.com/englis

If you've enjoyed this bilingual story in French & English look out for other
Mantra titles in French & English

Folk stories in Mantra's World Tales Series

Buri and the Marrow- an Indian folk story
Buskers of Bremen - adapted from the Brothers Grimm
Don't Cry Sly - adapted from Aesop's Fables
Dragon's Tears - a Chinese folk story
The Giant Turnip - a Russian folk story
Goldilocks and the Three Bears
Jack and the Beanstalk - an English folk story
Not Again Red Riding Hood
The Pied Piper - a German legend
Three Billy Goats Gruff - a Scandinavian folk story

Mantra's Contemporary Story Series

Alfie's Angels
Flash Bang Wheee!
Lima's Red Hot Chilli
Mei Ling's Hiccups
Sam's First Day
Samira's Eid
The Swirling Hijaab
That's My Mum
The Wibbly Wobbly Tooth

Myths and Legends in Mantra's World Heritage Series

Beowulf - an Anglo Saxon Epic
The Children of Lir - a Celtic Myth
Hanuman's Challenge - an Indian Myth
Pandora's Box - a Greek Myth

Mantra's Classic Story Series

Handa's Surprise
Splash!
Walking Through the Jungle
We're going on a Bear Hunt
What shall we do with the Boo Hoo Baby?

Many of the above books are also available on audio CD. To see the full range of Mantra's resources
do visit our website on www.mantralingua.com